JN410373

만인시인선·77

나비 평형

허남호 시집

나비 평형

만인사

자서

이제사 잠을 깼다.
너무 늦은 기상이다.
해는 중천에 떠 있는데
느지막이
하늘을 곱게 물들이고 싶다.
생각하건대 시는 처음부터 와 있었다.

2020년 가을
허남호

차 례

차 례

3

4

5

차 례

1

빛

느낄 듯 스쳐가는 그 몸짓 바라본다

망막엔 하늘빛, 산란하는 시계의 끝

정지된 나의 오감은 투명함에 묻히고

가없는 우주와 빛을 담는 내 그릇엔

주름 잡힌 시간에 아스라한 기억들

뭇 생각 깊은 날이면 나마저도 빛이다

조류

달의 힘이 이끄는
짙푸른 순환의 길

바다 속을 흐르는 물의 길 열리면

물고기
유선형 몸을
그 물길에 맡긴다

잔잔한 남해바다
물살 센 맹골수도

누구를 살리고 또 해치는 물길을

한 마리
어류가 되어
그 민낯을 보고 싶다

태풍의 길

모성으로 잉태한 바다의 소용돌이

불규칙한 뒤틀림 나선의 몸피로

세상에 부릅뜬 눈매 시리도록 매섭다

청하는 이 하나 없는 만남을 위하여

뭍으로 또 뭍으로 하염없이 달려온 길

고단한 외눈박이의 지친 꿈을 부린다

바다 1

태곳적 푸른 바다 생명을 잉태하고

수생을 감싸안는 양수 같은 바닷물

짭짤한 바다 삼투압, 모성애가 스민다

바닷물 염전 들어 소금꽃 피워내고

간수로 하얀 두부 엉기어 마감하는

모시옷 울 엄마 닮은 바닷물은 母液이다

바다 2

바다는 지구에서 가장 큰 물덩어리

덩치값 한답시고 한없이 점잖다

내 자리
넘보지 마라
경고조로 철썩인다

바다 3

바다와 하늘이 맞닿은 곳 수평선

세상을 바라보는 자신만의 눈높이

내 안에
바다 수평선
길게 하나 긋는다

맞닿아 합이 되는 이질의 경계선

너와 나 손 잡고 수평선에 마주서면

아마도
바다 위에서
더불어 높푸르리

평형

가만히 앉아 있는
나비를 바라본다

대칭으로 펼쳐진
나비의 날개 한 쌍

한낮의 고요한 평형
양팔 벌린 천칭인 듯

세속에 갇힌 마음
두 날개에 얹으면

한결같은 그 균형
내 심사로 기울라

내 안에 세상의 평형
나비 되어 살핀다

노을

고흐는 가서도 서녘 하늘 머무는가
삼백 예순 다섯 날 한 폭뿐인 화선지
덧칠한 핏빛 그리움 붉디붉은 저녁놀

이승의 물감을 다 풀어도 넘지 못할
가난한 광기에만 허락된 하늘 화폭
붉은 피 쏟아부으며 불구덩이 몰아간다

가늠키 어려운 소진의 순간까지
빈자에게 열려진 화가의 타는 심상
내 영혼 삼킬 것 같은 미치광이 불놀이

해바라기

누굴 보고 봐 달라고
그렇게 애를 쓰나

둥글고 환한 얼굴
이리저리 돌려가며

빼곡히 씨 박힌 얼굴
화장기란 전혀 없네

과메기

등 푸른 꽁치 말리는 동해안 바닷길
바닷바람 소금기 맞고선 덕장은
흰 파도 넘어온 꽁치 풀어헤친 풍욕장

붉은 속살 맑은 기름 뚝뚝뚝 떨어지고
들이치는 바람에 얼었다 말랐다
그렇게 겨울 과메기 반들반들 익어간다

푸르른 동해바다 마음 한편 걸쳐놓고
소주 한 잔 돌려가며 돌미역에 싸서 먹자
겨울밤 혀에 감기는 푸른 바다 바람맛

여름 단풍

은행나무 늘어선 효자동 가로수길
을미년 오뉴월 여름에 단풍 든다
때 아닌 단풍놀이로 복더위도 잊을 듯

봄부터 부지런히 신록을 준비했을
그 많은 이파리들 가뭄으로 황화현상
차라리 엽록소 잃은 푸른 빛의 단풍이다

빛 잃은 효자동 은행나무 이파리
이치를 거스르는 자연의 붉은 신호
나무들 참다 못한 듯 온몸으로 보인다

기다릴 순 없네

유기체와 무기체 중 어느 것이 위대한가
젊은 시절 서울에서 공부하던 친구의 말

우리는
하나 같이 다
유기체로 답했지

세월 지나 이순 넘어 생각나는 그 물음
유기체의 유한성, 자신을 돌아보네

소멸을
기다릴 순 없네
물수제비 뜨는 세상에

공명 구조

육각형 벤젠환의
전자운이 그러하듯

인력과 척력이
함께하는 이 세상

공명은
서로를 울려
각이 없는 원이 된다

하지 무렵

망종도 지난 유월
북반구의 어느 새벽

이 세상 하늘문이
반쯤 더 열렸나 봐

뭇별이 빛 거둬 떠날
여유조차 없다 하네

침식

밤하늘 둥근 달이 어둠에 가려져
무정형 언저리 붉게 물든 핏빛 달
그 모습 이지러짐에 내 마음도 아리네

우리가 사는 땅 어디엔가 침식된 곳
캄캄한 사면에 매달린 불안한 삶
어둠이 지나간 자리, 둥근 만월 떠오를까

소금

긴긴 날 햇빛을
안으로 삭이고 삭혀

물 흔적 하나까지
다 떨쳐 버리고

끝내는 자신을 녹여
새 생명 얻는다

잔상

산 속에 숨어 피는
청초한 도라지꽃

보랏빛 눈에 어려
잔상으로 남더니

해질녘
노을빛 따라
서쪽 하늘 넘어간다

엘니뇨

손만큼만 잘 씻어도 메르스에 안 걸려
거북 등짝 갈라진 민심을 어르는데

손 씻을
물조차 귀한
을미년의 초여름

2

무명의 부재

캄캄한 밤하늘 명멸하는 별무리
누군들 그 빛을 별빛으로 보려나
시야에 사라져 가는 별똥별의 꼬리빛

내 목숨이 아직 남아 느끼는 부재는
소실이나 증발의 뒤풀이 여음쯤
시간이 숱하게 흘러 흔적으로 남는 것

틈

살기 좋은 우리 집
어느 곳에 틈이 있어

웃풍은 있어도
숨쉬기가 좋아요

꽉 막혀 틈이 없으면
답답해서 힘들지요

홧김에

삼복에 더위 먹은 북극의 동장군
홧김에 올겨울 떼거리로 내려와

출근길
내 차 배터리
방전했다, 제기랄

맹골 수도

점점이 떠 있는 다도핸 줄 알았는데
노을빛 그윽한 바다로만 여겼는데
이 길이 바다 함정의 물길인 줄 몰랐네

그래도 그렇지 어찌 꽃을 삼키나
울돌목 형님의 무용담도 못 들었나
그것도 못다 핀 꽃들 꽃봉오리 접다니

탁한 바다 한가운데 사람들 불러놓고
야단법석 난장판에 무리지어 다 떠난 후
너 혼자 역사에 남아 무슨 증언하려고

무심한 바다여 우리 모두 회개하마
우리 몫 지워주고 꽃봉오리 놓아다오
먼 날에 꽃배가 오면 네 잘못도 잊어 줄게

한판 승부

모래밭 씨름판은 치열한 삶의 터
밀고 당기는 청홍색 샅바 싸움
부딪쳐 맞닿은 어깨 힘과 힘이 버틴다

집요한 파고들기 지축이 무너지고
일순간 한판으로 세상을 뒤집을 듯
상대를 들어 메치는 장사의 배지기

산다는 건 세상과 가없는 한판 승부
승자도 패자도 어울려 샅바 찬 채
모래밭 파묻힌 발목 뺄 수 없는 씨름판

간격

무거운 마음에
홀로서기해 본다

그들과 떨어져
혼자라는 가벼움

자의적 거리두기로
내 심신이 더 맑다

원치 않는 코로나에
사회적 거리두기

자로 재듯 밀고 당기는
그 간격은 아닌데

어쩐지 멀어져 가는
그들과의 거리감

꼬리 자르기

도마뱀 꼬리 끊어 팽개쳐진 돈 봉투
파다한 입소문 속 출처불명 미스터리
버려진 꼬리 비늘만 형광빛에 비리다

샅샅이 세상 훑는 폐쇄회로 감지 화면
꼬리 없는 도마뱀은 보이지를 않았고
퇴화된 내 꼬리뼈가 비칠까봐 가렸다

모델

무대 위 고양이 눈 섬광같이 번뜩이고
어둠 속 짙은 눈빛 한 몸으로 받아낸다
삼십 초 팽팽한 긴장 홀로 거는 승부수

쏟아지는 뭇 시선 곧추세운 톱 포즈
껍질을 훑어내는 백야의 기싸움
빅뱅의 눈부신 환영 찰나에 호흡한다

도도한 걸음걸이 퇴장 향한 마지막 턴
등 뒤에 객석 바다 썰물처럼 빠지면
삼십오 그 황홀한 날 그녀만의 피날레

영역 1

우리 동네 길고양이 오줌을 갈겨대고
탁자 위 선인장은 가시손을 뻗는다

내 자리
적들에 싸여
도사리고 앉았다

영역 2

해질녘 출몰하는 공포의 숫고양이
동네 모든 길고양이 알아서 슬금슬금
해묵은 숫고양이도 멀찌감치 구경꾼

개중에서 단 한 놈 싸움질 센 햇고양이
버티고 앉았다가 싸움 한판 걸판진데
할퀴어 개털 빠지고 부리나케 줄행랑

이 세상 어느 한 곳 영역 다툼 없겠냐만
사람 끼리 물고 무는 아귀다툼 일품이지
빈도로 따져봐서도 금메달감 아니겠어

서문시장 누른국수

국수라고 발음하면 둥글고 긴 여운
입 속 혀에 감겨오는 부드러운 면발이
머리칼 쓸어 올리듯 구강에서 찰랑대네

꼬이고 풀기 힘든 난제를 만났을 때
무시로 찾아가 더디 먹는 누른국수
매듭이 풀릴 것 같은 서문시장 국수 가락

뜨거워서 시원한 멸치국물 훌훌 불며
가난한 이방인과 함께하는 한 끼 식사
더불어 살아가는 것 시장에서 알겠네

복권

포개 말린 두루마리
시시각각 펼치면

아스라이 잡힐 듯
일렁이는 한 줌 빛

돌아서 쓴웃음 짓는
기약 없는 바람 끝

3

맥심커피믹서

수만 번 시행착오, 입맛에 딱 맞다는

선택의 여지없이 커피에 입을 맞춘다

나도야, 대한민국의 기성세대 평균치

문자하기

활촉을 벼르는 궁사의 매운 눈빛
자판이 활터인 양 초점이 모이고
춤추는 날렵한 엄지 놀이하듯 살갑다

시위를 당기면 과녁이 다가서고
머릿속 말들이 활촉처럼 날이 선 채
문자는 포물선 너머 동심원에 적중한다

시위 떠난 화살은 과녁에서 살아난다
동심원 둥근 얼굴 뜬금없이 떠오르면
문자는 허공 가르며 벗이 오는 시그널

부추 노점

북적이는 큰 장터 그늘진 점포 앞
밑동이 하얀 부추 가지런히 놓인 좌판
할머니 비녀 머릿결 흰 가르마 탄 것 같다

자식새끼 품에 안은 어눌한 호객꾼
부추단 나무라는 말꼬리 낚아채고
에누리 부추기는 입 뒤통수에 호통친다

좌판을 쉽게 털고 일어설 수 없는 파장
애꿎은 부추단만 속절없이 약속하고
허기진 할머니 하품 흰 부추꽃 이운다

우리 동네 구제옷집

우리 동네
구제옷집
마네킹이
서 있다

인도 위 위태롭게 걸쳐 입고 모자 쓰고

행인도
주인까지도
눈길 주지 않는다

이제는
빛바랜
푸근한
모습으로

구제해 줄 귀한 손길 여유롭게 기다린다

나이 든
은퇴 구직자
재취업의 관문처럼

풍화

산하에 널려진 거친 바위 만져 보라
검은 이끼 덮이고 갈라져 파인 자국
유구한 풍화의 흔적 그 손 안에 느끼리라

바위가 부서져 한 줌 흙이 되기까지
비바람 햇빛 받아 얼고 녹기 수만 번
쓰라린 균열의 아픔 알알이 배었다

우리는 허구한 날 서로를 탁마한다
깨지고 다듬어져 아린 상흔 끌어안고
무수한 흙의 입자로 형형색색 태어난다

지상의 시공을 한없이 넘고 넘어
균열과 마모의 넋 오롯이 간직한 흙
부서져 생명 보듬는 한 줌 흙이 되고 싶다

돼지감자 캐는 날

울퉁불퉁 무정형 붉은 빛 돼지감자
멋대로 생겨먹은 땅 속의 뚱딴지는
힘 좋은 덩이줄기로 어디든지 파고든다

돼지감자 캐는 날 씨알들 긁어모아
숨겨진 이야기 하나씩 들춰본다
세상에 모습 드러낸 저마다의 옹고집

혹독한 자연환경 이겨낸 적자처럼
거친 몰골로 우리에게 힘을 준다
사방에 씨를 뿌리며 생존하는 그 전략

뒷바라지

쉰일곱 그 친구 마지막 가진 재산
살던 빌라 팔고 나서 독백처럼 하던 말
쓴 소주 한 잔 마셔야 잠들 수 있다나

팔 년 전 동갑내기 마누라 보낸 후
젊음 바쳐 일군 사업 부도로 날아가고
세상일 남 일이 아닌 정말 호된 나잇값

두 아들 뒷바라지 홀로서기 버거운데
결혼한 둘째 놈 형과 매사 아귀다툼
삼부자 집 팔아 나눠 분가키로 합의한다

첫째는 풀 옵션 원룸으로 이사하고
둘째는 방 두 칸 전세 얻어 떠나가니
아버지 무보증 월세 옥탑방에 올랐다

속속들이 가족사 무언지는 다 몰라도
막내마저 서울로 유학 가던 늦은 밤
마누라 누워 잠든 옆 소주 한 잔 마셔봤다

청년 구직

계절이 교차하는 능선은 가풀막
이른 봄산 오르는 젊은이 바쁜 걸음
앙상한 나무 사이로 마른 숨이 차오른다

홀로 가는 산행은 인적 드문 외딴길
잔설 덮인 산등성 관목 같은 젊은이
그 마음 시린 가지로 늦은 계절 당긴다

휘어져 햇볕 향해 하염없이 굴광해도
더운 해는 제 갈 길 황도로만 가는 고도
뉘 있어 손을 내밀어 시린 가지 데우리

설 지난 봄날도 추위는 잔설로 쌓여
건너는 햇볕에 목 타는 어린 관목
음지에 닿지 못하는 봄기운이 느리다

대빗자루 세우고

새벽을 일으켜 대빗자루 세우고
어둠을 쓸어내는 환경미화원 문씨
자판기 커피믹서로 또 하루가 시작이다

지천명 오르막 넘은지도 십여 년
지나온 은륜 자국 거리마다 묻혔다
석삼년 늦은 호적에 정년 덕은 봤지만

동료의 퇴직 술잔 낮술로 받아들고
취기도 가시기 전 구청 앞 배웅길
놓은 손 이승과 저승 문지방을 넘는다

늦둥이 자식 같은 늦정년 맞는 문씨
거리에서 지는 해 노을빛 아름 안고
덤으로 받은 목숨값 손수레에 담고 있다

을의 계약

생각과 생각 끝에 마주앉은 갑과 을
대리명이 안겨주는 무언의 메시지
날인된 계약서 뒤끝 하얀 백지 보인다

편의점 안 밀어내기 카네이션 시든 꽃잎
바라보는 점주 눈엔 흰 백지 선명하고
오늘도 어버이날에 꽃바구니 버린다

갈 곳 없는 카네이션 영혼을 담보해도
마음이 가자는데 갈 수만 있다면
계약서 그 언저리도 디딜 곳은 없어라

낙하산이 있다

난쟁이들 마을에 선거가 시작되자
고만한 얼굴들 키 재기로 부산하다
나팔수 뿜어대는 숨 어지럽게 번지고

낙하산 타고 온 얼굴 없는 난쟁이
키 큰 거인 초상 붙여 위엄찬 홍보차
북새통 밤을 낮 삼아 마을길을 휘 돈다

모자 쓴 표몰이 거인의 깜짝 등장
낙하산 선거꾼 기고만장 세운 갈기
덤덤한 마을 표밭을 갈지 자로 헤집고

시끌벅적 선거판도 어느새 막판이다
고깔모 쓴 난쟁이 만장을 휘날리며
거인의 구령에 맞춰 섬나라로 떠나간다

광장에서

피 끓는 광장에는 눈부신 붉은 해가
혁명을 갈망하는 민의의 거센 파도
미래를 담보하고자 깃발을 높이 든다

흑과 백의 진실공방 무엇이 의인가
어둠이 내려앉은 광장의 함성소리
촛불 든 여린 손목에 이 민족의 명운이

촛불 밝힌 광장엔 어둠이 삭아지고
진선미를 향하여 우리는 가야 한다
그 물결 무엇으로도 막을 수 있으랴

베이비부머

산아제한 없던 시절 여과없이 부려진 삶
전쟁이 낳은 세대 아이 같은 그 느낌
묵직한 사회 이슈로 거듭나는 자화상

각처에서 만난 얼굴 특징 없는 모습들
원치 않는 일상이 된 다툼과 의기투합
너와 나 생존경쟁에 이 악물고 뛰었다

의무라는 지게 지고 내려놓지 못하는
이 시대 일꾼으로 마지막 남은 인생
쥐꼬리 연금통지서 손에 쥐고 떠난다

화해

부질없는 다툼은
세상살이 다반사

때로는 독주가 촉매가 되기도 해

우연을
핑계로 삼아
폭탄주를 마신다

4

파종

상추를 뿌렸는데
쑥갓이 올라왔다

며칠 전 낮술이
과했나 싶었는데

쑥갓이
나면 어때요?

어때요,
그리나도

농사일기

게으른 천성 탓에 잡초를 이기지 못해

텃밭농사 삼년 만에 손을 들고 말았다

한 삼년 그냥 뒀더니 묵정밭이 되었다

매실농사하려고 매실나무 심었는데

열매는 떨어지고 나뭇잎만 무성타

그래도 지나간 봄에 매화꽃은 실컷 봤다

소문

우리 동네 말 어귀 하늘 비춘 샘 있었다
거꾸로 세상 담아 뜬소문 죄 쏟으며
먼 땅 속 동네 이야기 주워담는 귀쌈지

없던 일 없애려고 날마다 물 긷는 이
비우고 또 비워도 다시 차는 눈물샘
여인네 긴 두레박질 뜬소문만 퍼올렸다

우리 돼지 흑돼지

마당가 한 귀퉁이
우리는 돼지집

뻥 뚫린 콧구멍
둥근 코로 실룩실룩

식구들 발자국 소리
알아채곤 꿀꿀꿀

내 손 안 한 뼘 크기
도르륵 말린 꼬리

몸집에 어울리지 않는
돼지꼬리 우스워요

키 작고 새까만 털보
우리집 돼지 흑돼지

이발

머리카락 자르는 날카로운 가위손
쉼 없이 사각대는 이발소 가위 소리
어느새 깎인 뒷모습 소리 앉은 절벽 같다

어머니 마름질감 맞잡은 손 떨구던
찰칵찰칵 아이 모는 엿장수 가위질
졸음 속 머리칼 깎아 가위 소리 듣는 날

아카시아 등꽃길

한여름 책보엔 늘 게으름 묻어있어
숨 가쁜 등꽃길 아카시아 소롯길 지나
땀이 밴 바쁜 발걸음 신작로에 닿는다

한 발 한 발 디뎌서 끝을 향해 달려가면
바닥엔 요철의 덫 상처난 발가락
아련한 아카시아길 생채기도 꽃이 된다

지난한 세월 지나 걸어보는 등꽃길
책보 멘 아이도 아카시아도 뵈질 않고
황량한 아카시아길 내 마음만 저려오네

그 마당에 다시 서니

가족의 발자국에 다져져 여문 땅
꽃 과일 곡식 눈 사계절을 담아내던
아이들 키만큼이나 드넓었던 집 마당

채움과 비움으로 애달프던 모진 그곳
잊고 살던 자리엔 시간조차 공허했나
땅거미 홀로 지키는 내 마음의 소렌토

어릴 적 동무 놀던 그 마당에 다시 서니
세월에 주름 잡혔나 사위는 손바닥
무지개 좇아 나선 듯 내 유년은 참 멀다

겨울 주목

눈꽃도 승화하는 하늘 닿은 능선길
인적 드문 그곳에 서릿바람 받으며
거뭇한 천년의 침묵
겨울 주목 군락지

스스로 비워서 시간을 잉태하는
형극의 하세월 바늘잎을 토한다
나이테 삭혀 뭉갠 속
어머니의 빈 가슴

온 둥치 썩어도 눕지 못한 까닭은
가지마다 매달린 눈꽃송이 놓을까
이 땅에 어머니 마음
속이 꽉 찬 腐朽木

그물망

지금은 잃어버린 어머니 배내탯줄
몸과 몸을 잇던 줄 그 자취 부여잡고
자궁 속 엄마 품 찾듯 안식처를 구한다

누군가 손에 의해 잘려진 트라우마
아문 흉터 가리고 질긴 연 이으려
살면서 목숨 같은 줄 끝자락을 잡는다

때로는 일탈로 몸부림을 쳐보지만
고비마다 죄어오는 인연의 그물망
돌아와 망각의 탯줄 운명처럼 엮인다

봇들 고인돌

육백 년 봇들을
지키는 고인돌 셋

올라앉아 놀이하던
집 앞 논 큰 바위

삼형제
고인돌 바위
우리 마을 지킴이

돌 장수 찾아와
팔라고 조르는데

논주인 집안 아재
못 판다, 안 판다네

저 돌은
내 것 아니니
봇들 고인돌이니

봇들 견우회

흔 자 어른 터 잡은 육백 년 안태 고향
별이 된 조상님들 혼이 깃든 이 자리에
오늘은 우리가 있어 한 시대를 건넌다

맨발에 검정고무신 벗겨지고 닳도록
윗마을 아랫마을 내달리던 흙담 골목길
모두가 살갑던 날들 우리네 초년 시절

각처에 흩어져 세파에 시달려도
한세상 들어올린 젊은 날의 견우들
돌아갈 곳이 있어서 우리는 하나라네

살아온 만큼이나 다시 살아 백여 년
한자리에 태어나 한시에 마치기를
우리들 봇들 견우회 만세 만세 만만세

봇들

육백 년 한 자리에
이어 온 역사의 터

도도히 흐르는
조상의 얼 예 있어

세상을
여는 봇들에
通道 하나 열릴지니

5

죽비를 맞다

며칠째 적란운이
가을 하늘 덮더니

오늘 새벽 소낙비가
머리맡을 내리쳤다

구름 간
쪽빛 하늘이
반전으로 열린다

시주

내 안에 부처가 죽고
절마저 허물어져

주춧돌만 남은 폐사지
말씀도 잠드는데

탁발승 나를 찾아와
부처님을 원하네

나무 목련

물을 떠나 뭍으로 가지의 맨 꼭대기

연꽃이 발을 잊고 나무에 핀 목련은

달마가 동쪽으로 간 까닭쯤은 아니다

세상의 경사

둥근 지구 어느 곳 비스듬히 각 있다
세울수록 날카롭게 내미는 사이 각
수평선 굽어 이우는 세상의 경사도

날갯죽지 퍼떡이다 주저앉는 젊은 백수
유년의 기억 속 붉게 녹슨 미끄럼틀
아득한 내리막 경사 흔들리는 착지점

빛이 빛에 가려서 멀어진 낮별처럼
층층이 낮게 깔려 잊혀진 군상들
중력에 휘어진 햇빛 광속으로 기운다

단청을 그리며

처마 밑 우주 공간 메우는 오색 붓질
허물 벗는 꽃뱀의 힘겨운 고백인 듯
화공의 간직한 심상 문양으로 새긴다

첫 누이 색동고무신 배 접어 띄운 기억
꽃상여 꾸미던 시냇가 하늘길
지나온 안개꽃 그늘 오행 속에 묻고서

날뫼

달구벌 땅 흠모해 구름 위로 날아든 뫼
빨래터 새색시 방망이질 흠칫 놀라
기우뚱 비탈진 산세 미끄러져 내려앉다

아슬아슬 위태롭게 가부좌 튼 당산마루
뫼가에 이랑 갈이 들마을 써레질로
한세월 지신 밟으며 태평성대 누린 땅

참꽃 피던 고래등엔 가가호호 이웃사촌
사방팔방 길목마다 도란도란 정 닿으니
둥둥둥 북소리 울려 달구벌을 아우른다

천왕메기 살풀이 하늘 높이 소지 올려
누운 자 일어나고 떠나간 자 돌아오면
날뫼길 신명 바람에 춤을 춘다 두둥실

달성토성

한 줌 한 줌 땀 이겨 쌓아올린 부족 역사
켜켜이 쌓여진 조개무지 삶의 흔적
달서천 휘감은 해자 푸른 물길 깊었다

달 밝은 하늘 아래 청동검이 울리던 날
사방이 자욱하고 요란한 말발굽 소리
천지를 호령한 부족 달구벌은 아는가

외세에 온몸으로 지탱해 온 당산나무
구릉 따라 오르내린 달성의 옛 영광이
무궁화 꽃잎이 벙근 토성길로 열린다

초파일 풍경

푸른 봄비 내리는 어둑한 기도암
주름진 머리의 주지스님 헛기침
내걸린 연꽃잎 가득 성불 염원 담긴다

노인네 자식 용돈 불우이웃 돕듯이
동네 찾은 약장수 주머니 불려주고
떨이로 남은 쌈짓돈 시주함에 붓는다

국어책 따라 외듯 천수경 복창 속에
잦아드는 목청소리 내려앉는 눈꺼풀
꿈속에 걷는 저승길 연등으로 불 밝다

가을, 송림사

평일 오후 가다 들린 천년 고찰 송림사

석탑은 가려 있고 잔디는 휴면 중

절 마당 낙엽 소리만 귓가에 서걱대네

산새들 돌담 경계 무시로 들락이고

볕 환한 법당 안 부처 홀로 정좌시네

천년을 이어온 내공 이 적요 속이런가

푸른 언덕

아담스가 꿈꾸었던 이국의 푸른 언덕
붉은 벽돌 이층 학사 종루를 높이 올려
기미년 만세 소리에 달구벌이 울렸네

우리 모두 이름 새긴 수풀 속 오십 계단
밀리듯 올라서서 마주하던 면류관엔
울창한 청라 넝쿨이 세월 거슬러 그 자리네

열 여남은 살 가슴마다 삼각형 명찰 달고
높푸른 기상으로 우리 뭉친 끈끈한 정
흰 도복 함성 지르며 뒹굴었던 푸른 언덕

뉘 뜻으로 이 자리 이 언덕에 함께 모여
푸른 꿈 쏟아놓던 동산관과 성재관
그 시간 영원할 걸로 굳게 믿고 살았던 날

연등 뒤로

팔공산 갓바위 부처님이 하도 용해
너나없이 한 가지 소원은 들어준대서
기도차 작심을 하고 관봉에 올랐다

시루같이 빼곡한 인파에 뒤떠밀려
부처님은 연등 뒤로 숨어서 뵈질 않고
절하는 보살님네들 꽁무니만 보고 왔다

인간의 길, 궁구의 노래

이정환(시인)

1

할 일도 많고 볼거리가 넘치는 세상이다. 지식과 정보를 얻으려 한다면 굳이 문학 관련 책을 읽을 필요가 없다. 그들에게는 문학이 쓸모없어 보이기 때문이다.

문학을 꼭 읽어야 할까. 좁혀서 생각해보자. 시조를 꼭 읽어야할까. 아니 속 시원히 이야기해보자. 늘 쫓기듯 바쁘게 사는 세상에 왜 시조를 쓰는가? 어찌하여 목숨을 바칠 듯이 시조 쓰기에 몰두하는 이들이 적지 않는가? 일반인들이 보면 도무지 이해가 가지 않는 일이다. 그러나 문학은 쓸모 있는 과업이다. 은유와 같은 문학적 표현이 반드시 필요하다. 인류는 은유와 함께 진화한 것이라는 누군가의 이야기는 온당하다. 소설을 찾아 읽는 것은 소설을 통해 남의 이야기에 쉽게 공명하게 되고, 이기를 넘어 이타적인 사람으로 바뀔 수 있는 길이기 때문이다.

그렇다면 정형률을 가진 간명한 시조는 더욱 이 시대에

필요하다. SNS시대에 소통하기에 가장 알맞은 도구인 시조는 한 편이라도 써 본 사람이라면 그 의미와 가치를 안다. 가끔 왜 시조인가, 하고 묻는 이들이 있다. 그런 사람에게 형식을 익혀 시조를 써보라고 적극 권한다. 몸으로 체험해 보면 그 답이 곧 나올 테니까.

여기 또 한 사람, 시조와 동행하는 이가 있다. 허남호 시인이다. 시조가 좋아서 독학으로 공부한 끝에 2011년《대구문학》신인상 시조 당선으로 문단에 나왔다. 이번에 상재하는『나비 평형』은 그의 첫 시조집이다.

2

그의 작품 세계는 진솔하고 소박하면서 내면의 문제나 시대정신을 구현하는 일에 큰 관심을 기울인다. 또한 자아와 세계에 대한 부단한 탐색을 통해 생태학적이자 철학적 사유를 체화하면서 어떤 메시지를 전한다. 그것은 부단한 내면 성찰을 통한 공존에 관한 것이기도 하고, 올곧은 인간의 길에 대한 끊임없는 궁구이기도 하다.

다음 작품을 보자.

육각형 벤젠환의
전자운이 그러하듯

인력과 척력이
함께하는 이 세상

공명은
서로를 울려
각이 없는 원이 된다
—「공명 구조」 전문

도마뱀 꼬리 끊어 팽개쳐진 돈 봉투
파다한 입소문 속 출처불명 미스터리
버려진 꼬리 비늘만 형광빛에 비리다

샅샅이 세상 훑는 폐쇄회로 감지 화면
꼬리 없는 도마뱀은 보이지를 않았고
퇴화된 내 꼬리뼈가 비칠까봐 가렸다
—「꼬리 자르기」 전문

「공명 구조」는 특이한 소재의 단시조다. "공명"은 진동계의 진폭이 두드러지게 증가하는 현상, 어떤 화학 결합이나 분자 결합 구조가 두 가지 이상의 구조식으로 혼합되어 있는 상태다. 여기까지는 과학적 해석이다. 남의 행동이나 사상 등에 깊이 동감하여 함께 하려는 생각을 가지는 뜻을 함유하는 말이 "공명"이다. "벤젠환"은 벤젠의 구조를 탄소

원자 여섯 개가 이어져서 이루어지는 육각형의 고리로 나타낸 구조식을 말한다. “전자운”은 원자핵 둘레를 돌고 있는 전자의 공간적 분포상태를 구름에 빗댄 말이다. “인력”은 물리적, 공간적으로 떨어져 있는 물체가 서로를 끌어당기는 힘이고, “척력”은 같은 종류의 전기나 자기를 가진 두 물체가 서로 밀어내는 힘이다. 굳이 이러한 과학 용어를 동원하여 한 편의 시조를 쓰게 된 데에는 그만한 연유가 있다. 시의 화자는 「공명 구조」에 대해 이야기하면서 결국 사람살이의 방식에 대해 말하고 있는 것이다. 전자의 공간적 분포 상태가 그러하듯 인력과 척력이 공존하는 세상에서 서로를 울려 각이 없는 원이 되는 공명의 삶을 함께 구현하자는 상생의 길을 제시한다.

「꼬리 자르기」도 새롭다. 흔히 알고 있는 도마뱀이 등장한다. “도마뱀 꼬리 끊어 팽개쳐진 돈 봉투”에서 서로 결합할 수 없는 전구와 후구가 한 자리에 놓여 새로운 의미형성, 이미지 구현을 이룬다. 도마뱀이나 도마뱀의 꼬리에 돈 봉투가 놓여 있었던 것은 전혀 아니다. 죄의 원천인 몸통을 보호하기 위하여 꼬리를 끊어버린 것이다. “파다한 입소문 속 출처불명 미스터리”여서 “버려진 꼬리 비늘만 형광빛에 비”린 것이다. 시의 화자는 “샅샅이 세상 훑는 폐쇄회로 감지 화면”을 추적한다. 그러나 영영 “꼬리 없는 도마뱀은 보이지를 않았고/퇴화된 내 꼬리뼈가 비칠까봐” 가리는 일만

하고 말았다. 아무 잘못도 없는 화자가 지레 겁을 집어먹고 자신의 꼬리뼈를 별안간 감추려고 한 것이다. 이처럼 「꼬리 자르기」는 세태를 풍자하고 있다. 어떤 일이 터지기만 하면 꼬리 자르기에만 급급하여 결국 근원적인 해결의 길을 막아버리는 일을 우리는 그동안 무수히 보아왔다. 그 점을 안타까워하는 마음이 진술하면서도 진정성 있게 형상화 되어 있다. 이 작품은 시조가 나아가야할 한 방향을 조심스레 암시한다. 그런 점에서 눈여겨봐야 할 시편이다.

눈꽃도 승화하는 하늘 닿은 능선길
인적 드문 그곳에 서릿바람 받으며
거뭇한 천년의 침묵
겨울 주목 군락지

스스로 비워서 시간을 잉태하는
형극의 하세월 바늘잎을 토한다
나이테 삭혀 뭉갠 속
어머니의 빈 가슴

온 둥치 썩어도 눕지 못한 까닭은
가지마다 매달린 눈꽃송이 놓을까
이 땅에 어머니 마음
속이 꽉 찬 腐朽木

—「겨울 주목」 전문

고흐는 가서도 서녘 하늘 머무는가
삼백 예순 다섯 날 한 폭뿐인 화선지
덧칠한 핏빛 그리움 붉디붉은 저녁놀

이승의 물감을 다 풀어도 넘지 못할
가난한 광기에만 허락된 하늘 화폭
붉은 피 쏟아부으며 불구덩이 몰아간다

가늠키 어려운 소진의 순간까지
빈자에게 열려진 화가의 타는 심상
내 영혼 삼킬 것 같은 미치광이 불놀이
—「노을」 전문

「겨울 주목」에서 화자는 결국 "어머니 마음"을 읽는다. "눈꽃도 승화하는 하늘 닿은 능선길"에 이르러 "인적 드문 그곳에 서릿바람 받으며/거뭇한 천년의 침묵"을 견디고 있는 "겨울 주목 군락지"를 바라보며 생각에 잠긴다. "살아 천년 죽어 천년"이라 일컫는 주목은 주목과에 속한 상록 침엽교목으로 남다른 기개로 말미암아 "주목처럼 살아라"는 말을 흔히 한다. 주목은 또한 "스스로 비워서 시간을 잉태하는/형극의 하세월 바늘잎을 토"하는 나무이고, 화자가 보기에는 "나이테 삭혀 뭉갠 속/어머니의 빈 가슴"이기도 하다. 그리고 "온 둥치 썩어도 눕지 못한 까닭은/가지마다 매달린 눈꽃송이 놓을까"하고 저어하는 마음 때문이다. 「겨울 주목」은 "속이 꽉 찬 부후목(腐朽木)"으로서 "이 땅에 어머니 마음"임을 힘주어 말하고 있다.

「노을」에서 고흐를 떠올리는 일은 예견할 수 있는 발상이다. 우리나라 시인들은 유달리 고흐에 관심과 사랑을 쏟는다. 충분히 이해될 만한 일이다. 화자는 "고흐는 가서도 서녘 하늘 머무는가"라고 질문하면서 그 이미지에서 "삼백 예순 다섯 날 한 폭뿐인 화선지/덧칠한 핏빛 그리움 붉디붉은 저녁놀"을 읽는다. 이어서 "이승의 물감을 다 풀어도 넘지 못할/가난한 광기에만 허락된 하늘 화폭"을 통해 "붉은 피 쏟아 부으며 불구덩이 몰아"가는 것을 본다. 그 순간 고흐는 다시 살아서 화면을 가득 채운다. 고흐의 뛰어난 예술혼, 열정적으로 불태운 화업의 길이 생생히 클로즈업된다. "가늠키 어려운 소진의 순간까지/빈자에게 열려진 화가의 타는 심상"은 급기야 "내 영혼 삼킬 것 같은 미치광이 불놀이"로 화자의 뇌리에 깊이 각인된다. 「노을」은 서녘 하늘과 고흐와 화자의 행복한 일치, 일체화가 이루어진 시편이다.

육백 년 한 자리에
이어 온 역사의 터

도도히 흐르는

조상의 얼 예 있어

세상을
여는 봇들에
通道 하나 열릴지니
—「봇들」 전문

게으른 천성 탓에 잡초를 이기지 못해

텃밭농사 삼년 만에 손을 들고 말았다

한 삼년 그냥 뒀더니 묵정밭이 되었네

매실농사하려고 매실나무 심었는데

열매는 떨어지고 나뭇잎만 무성타

그래도 지나간 봄에 매화꽃은 실컷 봤다
—「농사일기」 전문

국수라고 발음하면 둥글고 긴 여운
입 속 혀에 감겨오는 부드러운 면발이
머리칼 쓸어 올리듯 구강에서 찰랑대네

꼬이고 풀기 힘든 난제를 만났을 때
무시로 찾아가 더디 먹는 누른국수
매듭이 풀릴 것 같은 서문시장 국수 가락
—「서문시장 누른국수」 중에서

글을 쓰는 사람이라면 누구나 자신의 고향이나 오래 살아온 곳에 대한 향수를 시로 표현하고 싶어 한다. 「봇들」에서 봇들은 경북 구미시 고아읍 파산리의 옛 지명이다. 그곳은 "육백 년 한 자리에/이어 온 역사의 터"다. "도도히 흐르는/조상의 얼"이 서려 있는 마을이다. 그래서 화자에게는 "세상을/여는 봇들"이다. 세상을 향한 출발점이기 때문이다. 그런 까닭에 이곳에서부터 "통도(通道) 하나 열릴" 것을 크게 기대하는 것이다. 어쩌면 화자 자신이 그런 존재가 되었으면 하는 바람을 가지고 있을 수도 있겠다. 정겨운 마을 봇들은 근원적인 생명력과 다함없는 향수를 불러일으키는 꿈의 영역이다.

「농사일기」는 소박한 영농일기다. "게으른 천성 탓에 잡초를 이기지 못해//텃밭농사 삼년 만에 손을 들고 말았"는데 "한 삼년 그냥 뒀더니 묵정밭이 되"고 말았다고 세상에 널리 알리고 있다. 그 후 "매실농사하려고 매실나무 심었는데/열매는 떨어지고 나뭇잎만 무성"해 버렸다. 제대로 된 농사가 못된 것이다. 농경시대에는 대부분의 사람이 농사를 지으며 살았지만, 사실 농사일은 아무나 할 수 있는 일이 아니다. 화자는 결구에서 수확은 별무였지만 "그래도 지나간 봄에 매화꽃은 실컷 봤다"라고 말함으로써 눈앞의 결실 못지않은 눈의 호사를 통해 삶의 다른 면을 환기시킨다. 일견 평범한 이야기인 듯한 「농사일기」가 마지막 이 한 줄로 말미암아 시적 효과를 얻고 있다. 그 점이 이 시의 매력이다.

국수라는 말은 언제 들어도 좋다. 더구나 서문시장 국수라면 더욱 그렇다. 화자는 "국수라고 발음하면 둥글고 긴 여운"이라면서 국수에 대한 친근감을 드러낸다. 실로 길고 둥근 여운을 가진 것이어서 입맛을 돋우는데는 제격이다. 그렇기에 "입 속 혀에 감겨오는 부드러운 면발이/머리칼 쓸어 올리듯 구강에서 찰랑"댄다고 표현하였을 것이다. 이렇듯 식감을 실감실정으로 그리고 있다. 그것으로 끝나지 않고 다음 수에서 "꼬이고 풀기 힘든 난제를 만났을 때/무시로 찾아가 더디 먹는 누른국수"로 말미암아 "매듭이 풀릴 것 같은" 느낌을 받는다. 실로 "서문시장 국수 가락"은 그러한 동기부여를 할만하다. 소시민의 마음을 위로하고 새 기운을 불어넣을 수 있을 테니까. "누른국수"에서 "누른"은 눌렀다는 뜻일까? 아니면 "누런"의 비표준어일까? 아무튼 맛깔스러운 "누른국수"는 그 이름만으로도 위로가 된다.

점점이 떠 있는 다도핸 줄 알았는데

노을빛 그윽한 바다로만 여겼는데
이 길이 바다 함정의 물길인 줄 몰랐네

그래도 그렇지 어찌 꽃을 삼키나
울돌목 형님의 무용담도 못 들었나
그것도 못다 핀 꽃들 꽃봉오리 접다니

탁한 바다 한가운데 사람들 불러놓고
야단법석 난장판에 무리지어 다 떠난 후
너 혼자 역사에 남아 무슨 증언하려고

무심한 바다여 우리 모두 회개하마
우리 몫 지워주고 꽃봉오리 놓아다오
먼 날에 꽃배가 오면 네 잘못도 잊어 줄게
—「맹골 수도」 전문

달의 힘이 이끄는
짙푸른 순환의 길

바다 속을 흐르는 물의 길 열리면

물고기
유선형 몸을
그 물길에 맡긴다

잔잔한 남해바다
물살 센 맹골수도

누구를 살리고 또 해치는 물길을

한 마리
어류가 되어
그 민낯을 보고 싶다
—「조류」 전문

우리가 살고 있는 사회는 사고 현장이라고도 할 수 있다. 늘 많은 일들이 일어나고 있기 때문이다. 결코 일어나지 않아야 할 심히 경악스러운 사건과 사고를 눈으로 적잖게 보아왔다. "세월호 사고"가 곧 그것이다. 단순히 인간의 욕심 때문이라고 하기에는 그 충격이 심히 컸다. 그 통절함이 아직도 우리 사회 곳곳에 여진으로 남아 있다. 「맹골 수도」는 "점점이 떠 있는 다도핸 줄 알았는데/노을빛 그윽한 바다로만 여겼는데"는 그 "길이 바다 함정의 물길"이었던 것이다. 그래서 화자는 "그래도 그렇지 어찌 꽃을 삼키나/울돌목 형님의 무용담도 못 들었나"하고 안타까이 반문하면서 "그것도 못다 핀 꽃들 꽃봉오리 접다니"라고 탄식을 금하지 못한다. "탁한 바다 한가운데 사람들 불러놓고/야단법석 난장판에 무리지어 다 떠난 후/너 혼자 역사에 남아 무는 증언하려고"하는지 화자는 "맹골 수도"에게 묻는다. 그러면서 "무심한 바다여 우리 모두 회개하마/우리 몫 지워 주고 꽃봉오리 놓아다오"라고 안타까이 외치면서 "먼 날에 꽃배가 오면 네 잘못도 잊어 줄게"라고 속삭인다. "맹골 수도"는 어떤 답을 하고 있을까?

「조류」도 같은 맥락의 작품이다. "달의 힘이 이끄는/짙푸른 순환의 길" 끝에 "바다 속을 흐르는 물의 길 열리"게 되면 "물고기/유선형 몸을/그 물길에 맡"기게 된다. 이렇듯 모든 물고기들은 자신의 본능을 따라 바다 속의 삶을 자유로이 구가한다. 그런데 "잔잔한 남해바다/물살 센 맹골 수도"는 "누구를 살리고 또 해치는 물길을"을 가지고 있기에 왜 그런가 하고 "한 마리/어류가 되어/그 민낯을 보고 싶"어한다. 꽃봉오리들의 목숨을 앗아간 까닭을 세세히 알고 싶은 것이다. 이럴 수는 없다, 정말 이럴 수는 없다,라는 심정이 이면에 깔려 있다.

느낄 듯 스쳐가는 그 몸짓 바라본다

망막엔 하늘빛, 산란하는 시계의 끝

정지된 나의 오감은 투명함에 묻히고

가없는 우주와 빛을 담는 내 그릇엔

주름 잡힌 시간에 아스라한 기억들

뭇 생각 깊은 날이면 나마저도 빛이다
—「빛」 전문

물을 떠나 뭍으로 가지의 맨 꼭대기

연꽃이 발을 잊고 나무에 핀 목련은

달마가 동쪽으로 간 까닭쯤은 아니다
—「나무 목련」 전문

내 안에 부처가 죽고
절마저 허물어져

주춧돌만 남은 폐사지
말씀도 잠드는데

탁발승 나를 찾아와
부처님을 원하네
—「시주」 전문

팔동산 갓바위 부처님이 하도 용해
너나없이 한 가지 소원은 들어준대서

기도차 작심을 하고 관봉에 올랐다

시루같이 빼곡한 인파에 뒤떠밀려
부처님은 연등 뒤로 숨어서 뵈질 않고
절하는 보살님네들 꽁무니만 보고 왔다
—「연등 뒤로」 전문

「빛」은 사유의 깊이가 엿보이는 개성적인 시편이다. "느낄 듯 스쳐가는 그 몸짓 바라본다"라는 첫줄은 의미심장하다. 뒤이어 "망막엔 하늘빛, 산란하는 시계의 끝"이 의미하는 바도 모호한 가운데 적지 않은 울림을 안긴다. "정지된 나의 오감은 투명함에 묻히고"라는 종장도 생각을 오랫동안 하게 만든다. 둘째 수 "가없는 우주와 빛을 담는 내 그릇엔//주름 잡힌 시간에 아스라한 기억들"이 고여 있다고 한다. 이 대목은 우주와 자아의 관계를 연상하게 한다. 소우주인 자아가 우주와의 소통과 교감을 통해 "아스라한 기억들"을 어떤 삶의 곳간에 쟁여넣고 있는 것은 아닐까? 그래서 "뭇 생각 깊은 날이면 나마저도 빛"이 된다고 노래했음직하다. 「빛」은 자아와 우주를 잇는 빛에 대한 성찰과 탐색을 통해 실존적 자아를 향한 모색을 꿈꾸는 시편으로 읽힌다.

「나무 목련」은 이색적이다. "물을 떠나 뭍으로 가지의 맨 꼭대기"에 도달한 한 존재에 대한 이야기다. "연꽃이 발을 잊"은 후에 "나무에 핀 목련"으로 변신한 정황을 제시하고 있다. 발을 잊은 후의 목련을 두고 "달마가 동쪽으로 간 까닭쯤은 아니다"라고 단정 짓는 화자의 의도가 무엇일까. 흡사 선문답 같아서 애매하다. 그러나 곱씹게 만든다. 제목은 「나무 목련」이다. 제목을 통해 천천히 유추해 볼 수 있겠다.

다음으로 「시주」를 보자. "내 안에 부처가 죽고/절마저 허물어져//주춧돌만 남은 폐사지/말씀도 잠드는데"라고 노래하고 있다. 시의 화자 안에 부처가 죽었다는 말은 그동안 부처를 모시고 살았다는 의미를 담고 있다. 어떻게 부처와 더불어 살았는지는 알 길이 없다. 부처가 죽은 후 절은 허물어지고 주춧돌만 남은 폐사지 같은 곳이 되었기에 말씀도 그 힘을 발휘할 수 없었을 것이다. 그런데 어느 날 "탁발승 나를 찾아와/부처님을 원하"고 있는 상황과 맞닥뜨리게 된다. 그것이 곧 "시주"다. 화자의 곤혹스러움이 잘 드러나고 있다.

「연등 뒤로」는 기도의 과정을 노래하고 있다. "팔공산 갓바위 부처님이 하도 용해/너나없이 한 가지 소원은 들어준대서/기도차 작심을 하고 관봉에 올랐"다. 갓바위까지 오르는 길이 만만찮다. 한번이라도 오른 적이 있는 이는 그것을 안다. 부처님께 기원하지 않더라도 있는 힘을 다해 오르는 동안 기도가 저절로 이루어진다고 보아도 틀리지는 않을 것이다. 화자가 관봉에 닿자 "시루같이 빼곡한 인파에 뒤 떠밀려/부처님은 연등 뒤로 숨어서 뵈질 않고/절하는 보살님네들 꽁무니만 보고 왔다"라고 진술하고 있다. 달을 가리키면 달을 볼 것이지 왜 손가락 끝을 바라보고 있느냐, 하는 말처럼 "꽁무니만 보고 왔다"라는 표현이 슬그머니 웃음을 자아내게 한다. 때로 이처럼 소소한 정경 묘사만으로도 시 읽는 맛을 느끼게 된다. 화자의 재치를 엿본다.

가만히 앉아 있는
나비를 바라본다

대칭으로 펼쳐진
나비의 날개 한 쌍

한낮의 고요한 평형
양팔 벌린 천칭인 듯

세속에 갇힌 마음
두 날개에 얹으면

한결같은 그 균형
내 심사로 기울라

내 안에 세상의 평형

나비 되어 살핀다
—「평형」 전문

평형은 사물이 어느 한쪽으로 치우치거나 기울지 않은 안정된 상태를 말한다. 평형에는 생태계 평형, 열평형, 힘의 평형 등이 있다. 작품에서 보다시피 사람의 마음을 두고 평형을 이야기할 때가 많다. 마음이 치우치지 않는다는 의미이므로 고르다는 뜻의 균형과 비슷하게 쓰이는 말이다.

평형과 더불어 떠오르는 말로 중정이 있다. 중정 역시 치우치지 않고 올바르다는 의미를 가진 말이다. 글을 쓴다는 것, 정형시인 시조를 창작한다는 것은 결국 어느 한 쪽으로도 치우침이 없는 삶을 구현하고자 하는 일일 것이다. 「평형」은 그런 관점에서 의미 있는 시선을 가지고 있다. 한 편의 시조가 상처를 치유하고 많은 이들에게 위로가 된다면 그보다 더 바랄 것이 없다. 빛을 비추고 소망을 말하면서 절망의 벽을 무너뜨리는 사랑의 속삭임이 될 때 다시금 새 기운을 회복할 수 있을 것이다. 아직도 우리를 괴롭히고 있는 코로나 시대에는 더더구나 그렇다. 그러고 보면 현재 겪고 있는 이 사태도 생태계 평형과 관련이 깊다. 눈앞에 닥쳐온 기후나 환경 문제 등은 모두 인간이 자초한 일이기 때문이다. "가만히 앉아 있는 나비를 바라"보다가 "대칭으로 펼쳐진 나비의 날개 한 쌍"을 유심히 살핀다. 일상에서 이따금 볼 수 있는 일이다. 때는 낮이어서 "한낮의 고요한 평형"을 생각한다. 그 정황은 "양팔 벌린 천칭"의 상태와 다름이 없다. 그 순간 화자는 자신을 성찰하는 시간을 가진다. 그래서 "세속에 갇힌 마음을 두 날개"에 가만히 얹어본다. 아주 신중한 자세다. 마음이 세속에 갇혀 있다는 사실을 상기한 것만으로도 시의 화자가 얼마나 진중한 성품인지 알아챌 수가 있다. 언제 어디에서든지, 어떤 일을 만나든지 균형 감각을 가져야 함을 알고, 실행하는 일에 힘쓰고 있음을 느끼게 하는 대목이다. 화자는 "한결같은 그 균형이 내 잘못된 심사"로 혹여 기울까봐 늘 조심조심한다. "내 안에 세상의 평형"을 꿈꾸며 한참동안 나비가 되어 살핌으로써 중정의 태도를 견지하는 힘을 얻는다.

「평형」은 이러한 주제를 가지고 두 수 한 편으로 하고 싶은 말을 다하고 있다. 이처럼 우리가 어떠한 글을 쓰든지, 어떠한 삶을 추구하든지 어느 한쪽으로 치우침이 없어야 할 것이다. 시조를 쓰는 시인은 시조로 우리를 둘러싼 이 광막한 세계와 다 헤아릴 길 없는 내밀한 내면이나 영혼문제에 대해 자유롭게 읽고 해석하면서 순기능적인 시대담론 생산에 이바지해야 마땅하다. 그런 점에서 「평형」은 간결하고도 간명한 형상화를 통해 독자의 뇌리에 그 메시지가 깊이 각인되는 치유의 시편이다. 여러 번 읽는 동안 화자가 이끄는 대로 눈길이 따라가면서 함께 그 정서와 사유에 공감하게 된다.

이처럼 「평형」은 쫓기듯 사는 현대인들에게 진중함이 어떠한 것인지를 나직이 일깨운다. 올곧은 삶의 길을 다시금 생각할 수 있는 시간을 제공한다. 그것만으로도 이 시조는 적잖은 의미를 가진다. 거기에다가 시의 효용성이 어떠한 것인지를 깨우쳐주고 있는 점은 덤의 수확이다.

3

그는 「거미집을 짓다」에서 "발바닥 닿을 데 없는 거미집 밑, 빈 허공"을 바라볼 줄 안다. 또한 「침식」에서 "우리가 사는 땅 어디엔가 침식 된 곳/캄캄한 사면에 매달린 불안한 삶"을 지켜보면서 "어둠이 지나간 자리"에 "둥근 만월"이 떠오르리라는 소망을 품는다. 「세상의 경사」를 통해서는 "둥근 지구 어느 곳 비스듬히 각"이 있는 것을 발견하고 "세울수록 날카롭게 내미는 사이 각"에서 "수평선 굽어 이우는 세상의 경사도"를 읽는다. 그리고 "날갯죽지 퍼떡이다 주저앉는 젊은 백수"가 "유년의 기억 속 붉게 녹슨 미끄럼틀"을 떠올리며 그가 지금 처한 상황인 "아득한 내리막 경사 흔들리는 착지점"에 아픈 시각을 대입한다. 「무명의 부재」에서는 자아를 깊이 있게 성찰한다. 즉 "내 목숨이 아직 남아 느끼는 부재는/증발 혹은 소실의 뒤풀이 여음쯤"이 됨을 자각하고 "시간이 숱하게 흘러 흔적으로 남는 것"

임을 증언한다.

허남호 시인, 그는 2011년 등단 이후 각고의 정진 끝에 "인간의 길에 대한 끊임없는 궁구의 노래"인 첫 시조집 『나비 평형』을 펴낸다. 그로서는 소중한 결실이다. 고향에 대한 근원적인 향수와 생명의식, 생태적 상상력, 광대무변 우주 속의 존재인 자아에 관한 내밀한 성찰, 역사의식에 입각한 시대정신 구현 등을 통해 그는 시조 세계 확장에 힘쓰고 있다. 정신적인 수맥을 잘 짚어간다면 그만의 세계를 축조하게 될 것이다. 그런 점에서 앞으로 그의 시업의 길을 흥미진진하게 지켜봐도 좋겠다.

그가 걸어갈 시조의 길에 무한한 광영이 있기를 기원해 마지 않는다.

만인시인선 77
나비 평형

초판 인쇄 2020년 10월 10일
초판 발행 2020년 10월 15일

지은이 / 허 남 호
펴낸이 / 박 진 환

펴낸 곳 / 만인사
출판등록 / 1996년 4월 20일 제03-01-306호
주소 / 41960 대구광역시 중구 명륜로 116
전화 / (053)422-0550
팩스 / (053)426-9543
전자우편 / maninsa@hanmail.net
홈페이지 / www.maninsa.co.kr

ISBN 978-89-6349-151-6 03810

값 10,000원

* 이 도서의 국립중앙도서관 출판예정도서목록(CIP)은 서지정보유통지원시스템 홈페이지(http://seoji.nl.go.kr)와 국가자료종합목록 구축시스템(http://kolis-net.nl.go.kr)에서 이용하실 수 있습니다(CIP제어번호 : CIP2020040732).

만/인/시/인/선

1. **이하석** 시집 | 高靈을 그리다
2. **박주일** 시집 | 물빛, 그 영원
3. **이동순** 시집 | 기차는 달린다
4. **박진형** 시집 | 풀밭의 담론
5. **이정환** 시집 | 원에 관하여
6. **김선굉** 시집 | 철학하는 엘리베이터
7. **박기섭** 시집 | 하늘에 밑줄이나 긋고
8. **오늘의 시 동인** | 「오늘의 시」 자선집
9. **권국명** 시집 | 으능나무 금빛 몸
10. **문무학** 시집 | 풀을 읽다
11. **황명자** 시집 | 귀단지
12. **조두섭** 시집 | 망치로 고요를 펴다
13. **윤희수** 시집 | 풍경의 틈
14. **장하빈** 시집 | 비, 혹은 얼룩말
15. **이종문** 시집 | 봄날도 환한 봄날
16. **박상옥** 시집 | 허전한 인사
17. **박진형** 시집 | 너를 숨쉰다
18. **정유정** 시집 | 보석을 사면 캄캄해진다
19. **송진환** 시집 | 조롱당하다
20. **권국명** 시집 | 초록 교신
21. **김기연** 시집 | 소리에 젖다
22. **송광순** 시집 | 나는 목수다
23. **김세진** 시집 | 점자블록
24. **박상봉** 시집 | 카페 물땡땡
25. **조행자** 시집 | 지금은 3시
26. **박기섭** 시집 | 엮음 愁心歌
27. **제이슨** 시집 | 테이블 전쟁
28. **김현옥** 시집 | 언더그라운드
29. **노태맹** 시집 | 푸른 염소를 부르다
30. **이하석 외** | 오리 시집
31. **이정환** 시집 | 분홍 물갈퀴
32. **김선굉** 시집 | 나는 오리 할아버지
33. **이경임** 시집 | 프리지아 칸타타
34. **권세홍** 시집 | 능소화 붉은 집
35. **이숙경** 시집 | 파두
36. **이익주** 시집 | 달빛 환상
37. **김현옥** 시집 | 니르바나 카페
38. **도광의** 시집 | 하양의 강물
39. **박진형** 시집 | 풀등
40. **박정남 외** | 대구여성시 20인선집